Pippa Young
Ponyhof Apfelblüte
Sternchen und ein Geheimnis

Alle Bände der Reihe Ponyhof Apfelblüte:

Pippa Young

Ponyhof Apfelblüte
Sternchen und ein Geheimnis

Aus dem Englischen übersetzt
von Sandra Margineanu

Illustriert von Eleni Livanios

Besonderen Dank an Elisabeth Faith

ISBN 978-3-7855-8237-4
1. Auflage 2016
Copyright Text: © 2015 by Working Partners Limited Series
created by Working Partners Limited
Alle Rechte vorbehalten.
© für die deutsche Ausgabe: Loewe Verlag GmbH, Bindlach 2016
Aus dem Englischen übersetzt von Sandra Margineanu
Umschlag- und Innenillustrationen: Eleni Livanios
Umschlaggestaltung: Tobias Laxy
Printed in Germany

www.loewe-verlag.de

Inhalt

Die Ausstellung

„Hiermit erkläre ich die Ausstellung *Es war einmal* für eröffnet!", verkündete Mr Stevens, der Bürgermeister von Willow Springs. Er schnitt das rote Band entzwei, das vor einer großen Doppeltür gespannt war.

Lena grinste ihre Freundinnen an. Gemeinsam hatten sie die wertvollen Stücke für die Ausstellung des Museums entdeckt. Das Tagebuch eines Mädchens, das vor über hundert Jahren im Herrenhaus lebte, hatte sie und ihre Ponys zu einem Haufen alter Bücher geführt. Tief versteckt im Keller eines eingestürzten Hauses mitten im Wald. Bei den Büchern

handelte es sich jedoch nicht um gewöhnliche Bücher, sondern um seltene Erstausgaben der Märchen des berühmten dänischen Schriftstellers Hans Christian Andersen.

Julis Eltern, denen das Herrenhaus und der Wald heute gehörten, hatten beschlossen, die Bücher dem Heimatmuseum zu überlassen. Diese Neuigkeit hatte sich schnell im Ort verbreitet. Schon bald waren Leute von der Zeitung im Schlosshof aufgetaucht, die alles über das Abenteuer der Mädchen wissen wollten und Fotos von den Ponys machten. Lena und ihre Freundinnen hatten sich wie berühmte Filmstars gefühlt.

Lena folgte Juli und ihren Eltern in den Ausstellungsraum. Große Texttafeln wa-

ren an den Wänden befestigt. Die Besucher konnten sich über Hans Christian Andersen informieren. In der Mitte des Raums standen mehrere Glasvitrinen, in denen die Bücher lagen.

Lenas Mutter drückte die Hand ihrer Tochter. „Ich bin so stolz auf dich", wisperte Mrs Kennet.

„Lena, komm her!" Juli winkte Lena zu. Sie deutete auf eine Pinnwand mit Zeitungsausschnitten, die berichteten, wie die Mädchen die Bücher gefunden hatten. Auch ein Foto war zu sehen, auf dem die Mädchen neben der Schatztruhe mit den Büchern standen.

„Oh nein, seht nur, wie schrecklich ich aussehe", seufzte Mia und betrachtete sich auf dem Foto.

„Du siehst toll aus", beruhigte Lena sie.

„Komm!" Hannah hakte Lena unter und zog sanft an ihr. „Lasst uns die Bücher ansehen."

Die Mädchen drängten sich um die Glasvitrinen. Die Bücher lagen aufgeschlagen auf goldenen Buchständern. Der erste Buchstabe jeder Seite war größer als die anderen und goldfarben. Die Seitenränder waren mit bunten Zeichnungen von Prinzessinnen mit goldenem Haar, leuchtend grünen Fröschen, Meerjungfrauen und herrlichen Blumen verziert.

Eine Bibliothekarin trat zu ihnen. „Wir

werden jeden Tag eine Seite umblättern",
erklärte sie. „Leider dürfen wir die Bücher
den Besuchern nicht in die Hand geben,
weil sie zu kostbar sind."

„Nur eine Seite pro Tag?" Mia hob
erstaunt die Augenbrauen. „Da wird es
aber lange dauern, sie ganz zu lesen."

Hannah seufzte glücklich. „Wir können
so froh sein, dass wir sie anfassen und
selbst umblättern durften."

Lena verstand, was Hannah meinte. Es
war ein ganz besonderes Gefühl gewesen.

Hinter den Vitrinen stand Julis Vater
und unterhielt sich mit einem älteren
Paar. Mr Marle erzählte ihnen von Ander-
sens Verbindung zu Willow Springs. „Es
ist möglich, dass er einen Teil des Mär-

chens *Die kleine Meerjungfrau* bei einem Besuch im Herrenhaus geschrieben hat", sagte er.

Das ältere Ehepaar drehte sich um und betrachtete die Bücher genauer. Lena erkannte sie. Es waren Jack und Susie, die Großeltern von Mark, der auf einem Bauernhof im Tal lebte. Sein Pony Pinto hatte eine Weile auf dem Ponyhof Apfelblüte gewohnt, während Mark verreist war.

Lena winkte Jack und Susie zu und sie lächelten strahlend zurück. Ihr Enkel Mark betrachtete eines der Bücher. Sein dunkles Haar hing ihm in die Augen.

Lena ging zu ihm, um ihn zu begrüßen. „Hallo, Mark", sagte sie. „Ich wusste gar nicht, dass du auch zur Eröffnung kommst."

Mark lächelte sie schüchtern an. „Ich wollte mir die Bücher ansehen", antwortete er. „Stimmt es, dass du sie gefunden hast?"

„Nicht ich allein", erwiderte Lena. „Eigentlich hat Juli sie entdeckt, als sie in den eingestürzten Keller gefallen ist."

Mark machte große Augen. „Aber du hattest die Idee, Juli und die Bücherkiste mit dem Pony rauszuziehen."

„Du hast also die Zeitung gelesen", sagte Lena lachend. „Wie geht es Pinto?"

„Es geht ihm super", erzählte Mark. Er schob seine Brille zurück auf die Nasen-

wurzel. „Und Dolly auch. Letzte Woche
ist sie geschoren worden. Als sie zurück
auf die Weide kam, hat Pinto sie zuerst
nicht erkannt." Pinto und Dolly waren
beste Freunde, obwohl das eine ein Pony
und das andere ein Schaf war.

Juli kam zu ihnen herüber. Ihre grünen
Augen leuchteten vor Aufregung. „Eine
Reporterin ist da." Sie deutete auf eine
rothaarige junge Frau, die sich mit Mia,
Hannah, Paulina und Lotte unterhielt.
„Sie will ein Foto von uns vor den Vitrinen
machen."

„Mark ist hergekommen, um sich die

18

Bücher anzuschauen", sagte Lena. „Toll, oder?"

Juli lächelte Mark an. „Hallo, Mark. Vielleicht können wir demnächst mal zu euch geritten kommen und nach Pinto sehen. Es gibt ein paar richtig gute Reitwege auf eurem Land, die ich gerne ausprobieren würde."

Auf Marks Gesicht breitete sich ein Strahlen aus. „Das wäre super", sagte er. „Ich würde total gern auf Pinto mitreiten."

Juli zögerte. Lena vermutete, dass ihre Freundin Mark eigentlich nicht zu ihrem Ausritt hatte einladen wollen. Sie legte den Arm um Juli und drückte sie warnend. Sie wollte nicht, dass Mark

enttäuscht wurde. „Klingt fantastisch",
sagte Lena. „Die Ponys werden sich
freuen, wenn Pinto mitkommt."

Mark ging zu seinen Großeltern und
fragte sie, ob sie einverstanden wären,
wenn er mit den Mädchen auf einen Ausritt ging.

„Das ist eine schöne Idee", erwiderte
Oma Susie. „Welch nette Einladung."

„Was ist eine nette Einladung?", fragte
Mrs Marle, als sie mit Lenas Mutter he-
rantrat.

„Ich habe vorgeschlagen, dass wir zum
Bauernhof reiten und Pinto besuchen."
Juli klang nicht mehr so begeistert.

Mrs Marle machte ein nachdenkliches
Gesicht. „Gute Idee. Wie wäre es übermorgen?"

„Ich werde euch ein Pick-
nick einpacken", bot Mrs
Kennet an. „Das wird be-
stimmt ein schöner Ausflug. Ich wünschte, ich könnte mitkommen."

Lena musste beim Gedanken an ihre
Mutter auf einem der Ponys schmunzeln.
Mrs Kennet behauptete manchmal, sie
hätte vor ihrem Umzug nach Willow
Springs das Vorderteil eines Ponys nicht
vom Hinterteil unterscheiden können. Sie
bevorzugte es, Ponys zu malen, statt auf
ihnen zu reiten. „Ein Picknick wäre toll",
sagte Lena. Sie freute sich schon auf den
langen Ausritt.

Juli zog an Lenas Arm. „Komm, wir
müssen uns für das Foto aufstellen."

„Alles klar bei dir?", wisperte Lena, als

sie sich durch den vollen Raum drängelten. „Willst du nicht, dass Mark mitkommt?"

Juli runzelte sorgenvoll die Stirn. „Er ist ein ganzes Stück jünger als wir. Was, wenn er vom Pferd fällt? Außerdem kann er nicht so schnell reiten wie wir. Wir werden also echt langsam machen müssen."

Lenas Vorfreude wurde etwas getrübt. Es machte ihr nichts aus, in Marks Tempo zu reiten, aber sie wollte nicht, dass Juli schlechte Laune bekam. „Er wird das schon schaffen."

Juli konnte nichts erwidern, weil sie gerade bei den anderen Mädchen ankamen. Lena stellte sich zwischen Lotte und Juli, und die gute Stimmung kehrte

zurück, als sie sich zu der Reporterin und dem Fotografen umdrehte.

„Ich fühle mich wie eine Berühmtheit!" Lotte strich sich ihr rotes schulterlanges Haar zurück und lächelte breit.

Der Fotograf hob seine Kamera. „Und jetzt sagen alle ‚Glückstage'", bat er.

Lena sah in die Kamera. „Glückstage!", sagte sie laut und dachte dabei: „Übermorgen wird ein Glückstag werden. Ponys, Sonnenschein und ein Picknick. Was könnte schöner sein?"

Auf zum Bauernhof

Lena flocht ihr Haar zu einem langen Zopf, bevor sie ihren Rucksack aufsetzte. Ihre Mutter hatte leckere belegte Brote und Früchtekuchen hineingepackt. Ob sie bis zum Mittagessen warten konnte, davon zu probieren?

Sie radelte durch das hübsche Dorf. Obwohl es noch früh war, fühlte sich die Sonne auf Lenas Haut schon warm an. Als der Weg aus dem Dorf bergauf führte, trat sie kräftiger in die Pedale. Die ganze Zeit behielt sie die Burg in der Ferne im Blick. Vor den schneebedeckten Bergen

wirkte sie mit ihren grauen Türmen wie aus einem Märchen von Hans Christian Andersen entsprungen.

Außer Lenas keuchendem Atem war nur Vogelgezwitscher zu hören.

Kaum zu glauben, dass vor ein paar Wochen ein Sturm im Dorf und der ganzen Gegend gewütet hatte. Lena fuhr an den Koppeln vorbei, auf denen die Ponys grasten. „Sieht so aus, als wäre außer uns noch niemand wach", keuchte sie.

Beim Klang ihrer Stimme hob ein grauer Apfelschimmel den Kopf. Er hörte auf, das saftige Gras zu mampfen, und wieherte ihr grüßend zu.

„Guten Morgen, Samson", rief Lena. Plötzliche Freude durchfuhr sie beim Anblick ihres Lieblingsponys. „Du kannst

fertig frühstücken, solange ich mein Fahrrad wegbringe."

Sie fuhr durch den steinernen Torbogen auf den Hof. Lena hatte sich noch
nicht an den traurigen Anblick der zer-
störten Ställe mit dem fehlenden Dach
und dem fehlenden Apfelbaum gewöhnt.
Neue Dachbalken waren auf die Stall-
mauern gezimmert worden und warteten
auf Dachziegel. Wenn nur der schöne alte
Baum, den der Sturm umgeworfen hatte,

auch so leicht wieder aufgerichtet werden könnte.

Lena stellte ihr Rad an die Wand und nahm den Rucksack ab. Sie legte ihn in den Schatten des Torbogens, wo es schön kühl war. Sie hörte eine Autotür zuschlagen und eine Hupe ertönte. Einen Augenblick später liefen Hannah und Mia auf den Hof. So wie Lena wollten auch sie sehen, wie die Bauarbeiten vorangingen. „Es ist toll, dass mit dem Geld der Versicherung die Ställe repariert werden können", sagte Hannah.

Mia seufzte. „Ich wünschte, die Versicherung könnte auch den Apfelbaum wieder ganz machen."

„Hallo!" Julis Stimme unterbrach ihre Unterhaltung. Sie kam mit mehreren

27

Halftern durch den Torbogen. „Kommt, wir holen die Ponys. Mia, du reitest Aska und Hannah Rapunzel."

„Warten wir nicht auf Lotte und Paulina?", fragte Lena.

Juli schüttelte den Kopf. „Sie können nicht mitkommen. Sie hatten beide schon andere Pläne für heute."

Die Mädchen gingen zur Koppel, um die Ponys zu holen. Samson wartete bereits mit gespitzten Ohren am Gatter. Lena legte ihm das Halfter an und führte

ihn von der Weide. Während sie ihn putzte, dachte sie darüber nach, wie viel sie schon über Ponys gelernt hatte, seit sie nach Willow Springs gezogen war.

Zuerst bürstete sie mit einer festen Bürste den getrockneten Schlamm aus Samsons Fell. Dann brachte sie es mit einer Kardätsche zum Glänzen. Anschließend kämmte sie seine Mähne und den Schweif, bis sie wie Seide durch ihre Finger glitten. Samson schloss die Augen und stieß einen zufriedenen Seufzer aus. Er mochte es, gestriegelt zu werden.

Julis Mutter brachte ihnen die Sättel und das Zaumzeug, während die Mädchen die Putzkisten einräumten. Hop und Skip, die braun-weißen Terrier, hüpften um Mrs Marles Beine herum.

„Was ist das?", fragte Lena neugierig. Mrs Marle hielt zwei Lederbeutel an 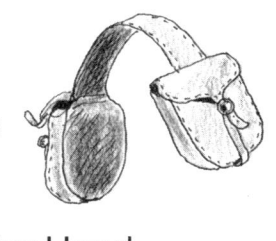 einem breiten Riemen in der Hand.

„Satteltaschen", erklärte Mrs Marle. „Man kann sie am Sattel festmachen. Besser, du packst das Picknick in die Taschen hinein, statt einen schweren Rucksack zu tragen." Sie zeigte Lena, wie sie die Satteltaschen richtig über Samsons Sattel legen musste.

Juli machte ein zweites Paar Satteltaschen an Smarties Sattel fest und steckte einige Wasserflaschen hinein. „Ruhig", sagte sie zu dem kastanienbraunen Wallach, den die Taschen 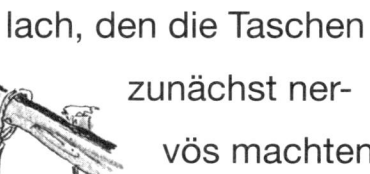 zunächst nervös machten.

„Lasst den Ponys die Halfter an", riet Mrs Marle ihnen. „Wenn ihr für das Picknick haltmacht, könnt ihr ihnen die Trensen abnehmen."

Lena holte ihren Rucksack aus dem Torbogen. Sie machte den Reißverschluss auf und verteilte das Essen in den Satteltaschen. Hop und Skip hörten auf, durch die Gegend zu jagen, und kamen schnüffelnd näher. „Tut mir leid, das ist nicht für euch", sagte Lena lachend.

Beim Gedanken an den langen Ausritt bekam sie ein fröhliches Kribbeln im Bauch.

Juli schwang sich in Smarties Sattel. Sie hängte sich eine durch Plastikfolie geschützte Karte um den Hals. „Hast du mein Handy?", fragte Mrs Marle.

Juli nickte. „Ich rufe dich an, wenn wir auf dem Bauernhof sind."

„Ihr solltet gegen Mittag dort sein", sagte Mrs Marle. „Ich bleibe in der Nähe des Telefons im Büro, damit ich deinen Anruf nicht verpasse."

Die Mädchen winkten Julis Mutter zu und ritten in Richtung Wald. Die Sonne schien durch die Baumlücken und sprenkelte den Weg mit goldenen Punkten.

Mia lenkte Aska neben Lena. „Samson und du passt wirklich gut zueinander, ihr bewegt euch perfekt."

Das Lob bedeutete viel, denn Mia war auf Samson geritten, bevor Lena seine Reiterin wurde. „Du und Aska aber auch", meinte Lena.

„Danke. Ich mag es, dass sie mich auf

Trab hält", sagte Mia. In diesem Moment erschreckte sich Aska vor einem Stapel Baumstämme am Wegrand. „Dummes Mädchen", schimpfte Mia. „Du bist doch schon hundertmal an diesen Baumstämmen vorbeigelaufen. Du weißt doch, dass sich keine Monster dahinter verstecken."

Juli sah auf der Karte nach dem Weg. „In einem halben Kilometer müssen wir den Weg auf der linken Seite nehmen", sagte sie. Sie fasste die Zügel kürzer und befahl Smartie zu traben. Der Wallach fegte seinen Schweif hin und her und gehorchte. Nach ein paar Schritten wechselte er zum Galopp.

Lena lächelte, als Samson Smartie folgte. Samsons Galopp war so ruhig wie das Schaukeln auf einem Schaukelpferd.

Aska und Rapunzel machten größere Schritte und überholten Samson, aber das machte Lena nichts aus.

Plötzlich rannte ein Hase über den Weg und Smartie sprang erschrocken zur Seite. Lena bewunderte Juli, die ihn sofort wieder unter Kontrolle brachte.

„Ist das der Weg?", rief Hannah und deutete auf einen schmalen Pfad, der eine Böschung hinunterführte.

„Gut aufgepasst!", rief Juli über ihre Schulter. Sie wendete Smartie und setzte sich tief in den Sattel, damit er auf dem steilen Hang nicht das Gleichgewicht verlor.

„Ruhig", murmelte Lena Samson zu, als er den anderen Ponys die Böschung

hinab folgte. Sie ließ die Zügel etwas locker, damit Samson es noch leichter hatte.

Der Weg führte sie hintereinander durch dichten Wald. Das Geräusch der Hufe wurde vom dicken Nadelteppich auf dem Boden gedämpft. Die Luft war schwer vor Stille. Es fühlte sich so magisch an, dass Lena fast glaubte, in ein Märchen gestolpert zu sein.

Allmählich standen die Bäume nicht mehr so dicht und sie kamen auf einen grasbewachsenen Weg. Felder lagen vor ihnen. „Sollen wir galoppieren?", fragte Juli. Ohne eine Antwort abzuwarten, drückte sie Smartie die Fersen in die Seiten.

Lena fasste die Zügel kürzer und rich-

tete sich in den Steigbügeln auf. Die anderen Ponys donnerten über den Weg und versuchten, sich gegenseitig zu überholen, aber Lena hielt Samson zurück. Sie fühlte sich noch nicht sicher genug, um bei dem Rennen mitzumachen.

Samson blieb gehorsam hinter den

anderen, bis diese langsamer
wurden.

„Das ist der beste Ausritt
aller Zeiten", erklärte Mia mit
geröteten Wangen.

An einem Gatter blieben
sie stehen. Juli öffnete das
Holztor.

„Danke, Juli", sagten alle
im Chor und ritten auf ein Feld
mit goldenem Weizen.

„Kein Problem", erwiderte Juli und
schloss das Gatter.

Ein roter Traktor parkte ein Stück vor
ihnen neben der Hecke. Der Motor
brummte. Smartie mochte das Fahrzeug
nicht. Er legte die Ohren flach an und
weigerte sich weiterzugehen.

Aska und Rapunzel ließen sich anstecken und wollten auch nicht mehr weiter.

Lena erkannte den Mann auf dem Traktor. „Das ist Marks Opa Jack", sagte sie. Sie richtete sich in den Steigbügeln auf und winkte. Opa Jack winkte zurück und machte den Motor aus.

Lena lehnte sich über Samsons Hals. „Du hast keine Angst, oder?" Sie drückte die Beine gegen seine Seiten und war stolz, als er ganz ruhig an dem Traktor vorbeiging.

Marks Opa lächelte und machte das Daumen-hoch-Zeichen.

Smartie schnaubte laut und trottete hinter Samson her. Juli lachte. „Er ärgert sich darüber, dass Samson mutiger ist als er."

Die Mädchen ritten hintereinander am Feldrand entlang, um den Weizen nicht kaputt zu machen. In der Ferne sahen sie ein weißes Bauernhaus umgeben von Ställen und Scheunen. Als sie näher kamen, sah Lena, wie Mark Pinto im Hof anband.

Juli seufzte. „Ich hatte gehofft, Mark hätte seine Meinung geändert und würde doch nicht mitkommen. Was, wenn er stürzt?"

„Pinto passt schon auf ihn auf", meinte Hannah.

Die Hufe der Ponys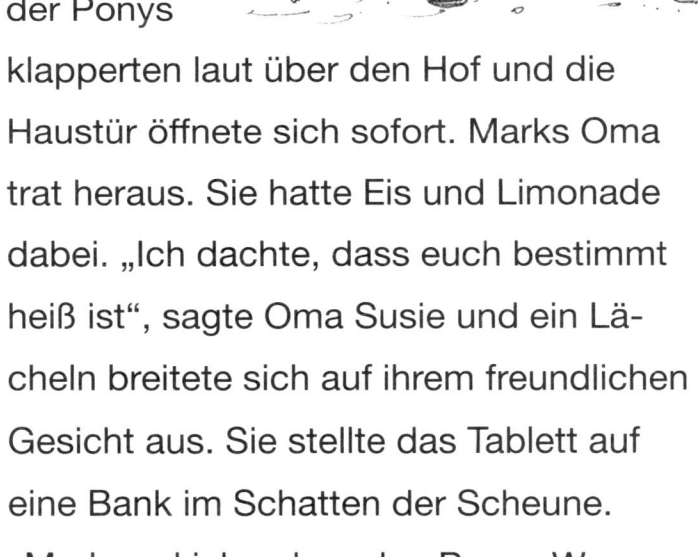
klapperten laut über den Hof und die Haustür öffnete sich sofort. Marks Oma trat heraus. Sie hatte Eis und Limonade dabei. „Ich dachte, dass euch bestimmt heiß ist", sagte Oma Susie und ein Lächeln breitete sich auf ihrem freundlichen Gesicht aus. Sie stellte das Tablett auf eine Bank im Schatten der Scheune. „Mark und ich geben den Ponys Wasser und ihr könnt euch erfrischen."

Lena stieg ab und wunderte sich, wie wackelig sich ihre Beine anfühlten. Froh

40

über die Pause reichte sie
Marks Oma Samsons Zügel und setzte
sich auf die Bank.

Oma Susie führte Samson und Aska
zum Wassertrog und ließ sie kurz trinken.
Hannah ging sofort zu Pinto. Sie legte die
Arme um seinen Hals und schmiegte sich
an ihn. Es war Pinto zu verdanken, dass
Hannah wieder ritt. Denn nach einem
schweren Reitunfall hatte sie sich lange
Zeit nicht mehr getraut.

Marks Oma band Samson und Aska
neben Pinto fest und das schwarz-weiß

gescheckte Pony schnaubte sanft. „Er freut sich, seine Freunde wiederzusehen", sagte Oma Susie und sattelte Pinto.

„Solche Freunde kann man nie genug haben", sagte Mia und nahm dann einen großen Schluck aus ihrem Glas.

„Nicht zu viel Wasser", warnte Susie. Lena brauchte einen Augenblick, bis sie begriff, dass sie nicht mit Mia, sondern mit Mark sprach. Er hielt Smarties und Rapunzels Zügel, während die Ponys aus dem Trog tranken.

„Wir wollen ja nicht, dass sie Bauchschmerzen bekommen", erklärte Oma Susie. „Stellt euch vor, ihr hättet den Bauch voller Wasser und müsstet dann lange laufen."

Juli stellte ihr Glas hin und ging zum

Wassertrog hinüber. „Ich übernehme sie besser", sagte sie.

Lena tat Mark leid, der verschämt zu Boden blickte.

„Hol doch schon mal deinen Reithelm", schlug ihm seine Großmutter vor.

Während Mark im Haus war, zeigte Juli seiner Oma die Route auf der Karte. „Wir nehmen die Reitwege durch den Wald bis zur alten Mühle", erzählte sie. „Die Ponys können dort auf der Wiese weiden, während wir unser Picknick machen."

„Das ist eine schöne Strecke", sagte Oma Susie. „Haltet am Fluss Ausschau nach Eisvögeln."

Mark kam mit seinem Helm auf dem Kopf zurück. Er band Pinto los und führte ihn zu einem Heuballen, den er als Auf-

sitzhilfe benutzte. Oma Susie kontrollierte den Sattelgurt, und Juli rief schnell bei ihrer Mutter an, um zu sagen, dass alles in Ordnung war. Die Mädchen tranken ihre Limo aus und stiegen wieder auf ihre Ponys.

„Habt eine schöne Zeit!", rief Oma Susie ihnen nach.

Juli ritt voran, runter vom Hof und an einer kleinen Koppel vorbei. Ein Schaf

sah durch den Zaun. Es blökte, als Pinto vorbeiging.

„Dolly!", rief Lena.

Pinto wieherte dem Schaf zu.

Mark klopfte Pintos Hals. „Er hat Dolly gesagt, dass sie nicht mitkommen kann. Diesmal nicht, denn er geht auf einen Abenteuerritt!"

Der Ausritt

Der Weg führte zu einem weiten, sanft ansteigenden Feld. Ohne die anderen zu fragen, galoppierte Juli los. Aska schnaubte und rannte hinterher. Mia lehnte sich wie ein Jockey weit nach vorne und ließ Aska laufen.

Lena und Hannah warfen sich einen verärgerten Blick zu. „Keine Sorge, wir müssen nicht galoppieren, wenn du nicht willst", sagte Lena zu Mark.

„Willst du vielleicht traben?", fragte Hannah. Sie hielt Rapunzel zurück, die Smartie und Aska nachjagen wollte.

Mark nickte. „Ja, bitte."

Samson und Rapunzel trabten schnell los. Neben ihnen bewegte sich Mark zu Pintos Tritten gleichmäßig auf und ab. „Jetzt würde ich auch gern mal galoppie-

ren", sagte er atemlos.

„Wirklich?", fragte Hannah nach. „Wenn du dir ganz sicher bist, dann setze dich tief in den Sattel und halte dich mit einer Hand am Sattel fest."

Mark tat, was Hannah ihm empfohlen hatte, und Pinto begann zu galoppieren. Ein Lächeln breitete sich auf Marks Gesicht aus. „Seht mich an!"

„Du machst das sehr gut", lobte Lena.

Pinto fiel zurück in den Trab, als sie ans Ende des Felds kamen, wo Juli und Mia auf sie warteten. Juli runzelte die Stirn. „Wo bleibt ihr denn?"

„Auch langsam erreicht man sein Ziel", sagte Lena.

Mark drehte eine Strähne von Pintos Mähne zwischen den Fingern. „Tut mir leid, dass ich euch aufgehalten habe."

„Hast du nicht!", erwiderten Lena und Hannah gleichzeitig.

Juli presste die Lippen zusammen. „Kommt", sagte sie. „Wir haben schon genug Zeit verloren." Sie ritten schweigend weiter, bis sie zu einem Baumstamm kamen. „Oh", sagte Juli mit bedauernder Stimme. „Wir hätten über

diesen Stamm springen können, aber leider geht das nicht." Sie lenkte Smartie um den Baumstamm herum.

„Springen habe ich noch nicht gelernt", gab Mark zu.

Lena spürte, dass er sich schon wieder entschuldigen wollte, und schaltete sich schnell ein. „Kein Problem. Wir können auf dem Ponyhof so viel springen, wie wir wollen."

 „Seht doch!", sagte Mia plötzlich. „Ist das der Eisvogel, von dem Marks Oma gesprochen hat?" Sie deutete auf einige Bäume ein Stückchen entfernt. Etwas Blaues blitzte zwischen den grünen Blättern auf.

Mark nickte. „Der Fluss ist hinter den

Bäumen und der Mühlenteich ist auch nicht weit weg. Eisvögel mögen langsam fließendes oder stilles Wasser. Sie verstecken sich in überhängenden Ästen. Und wenn ein Fisch vorbeischwimmt, dann tauchen sie schnell nach ihm."

„Oh", sagte Lena. „Scheint so, als ob du eine Menge über Vögel weißt."

Mark strahlte. „Manchmal, wenn man wirklich Glück hat, kann man sie über dem Wasser in der Luft stehen sehen. Ihre Flügel bewegen sich rasend schnell."

Sie folgten dem von Bäumen gesäumten Weg, der immer wieder Ausblicke auf den Fluss bot. Schließlich führte der Weg auf eine Lichtung. „Wie wunderschön", staunte Lena. Sie ließ Samson anhalten, damit sie sich umschauen konnte. Auf

der anderen Seite
der saftig grünen
Wiese stand eine
alte Mühle mit einem
riesigen Mühlrad. Es sah
aus wie auf einem Gemälde.

Lena stieg aus dem Sattel, nahm Samson die Trense ab und er fing sofort an zu grasen.

„Hinter der Mühle sind noch die Mauerreste des Lagerraums, in dem die Mehlsäcke aufbewahrt wurden", erzählte Mark. „Die Mauern sind fast vollständig eingestürzt, aber der Rest würde als Gatter für die Ponys reichen. Wir könnten sie dort grasen lassen, solange wir essen."

Sie führten die Ponys zu der Mauerumzäunung und sattelten sie ab. „Danke,

dass du so gut auf mich aufgepasst hast", murmelte Lena Samson zu. Sie gab ihm einen Kuss auf die samtweichen Nüstern und lächelte, als er seinen Kopf sanft an sie drückte.

„Komm, Lena!", rief Mia ihr zu. „Mark zeigt uns, wo die Eisvögel nisten."

Sie versperrten den Eingang mit einem alten Balken, damit die Ponys nicht abhauen konnten, und folgten Mark zum Fluss. „Im Frühling war ich mit meinem Opa hier", erzählte er ihnen. Er deutete auf ein Loch im sandigen Ufer auf der anderen Seite. „Wir haben hier im Gras gelegen und beobachtet, wie sie mit Fisch im Schnabel rein- und rausgeflogen sind."

„Willst du uns veräppeln?", fragte Juli. „Vögel nisten in Bäumen!"

„Eisvögel nicht", antwortete Mark freundlich. „Sie nisten am Flussufer in Sandhöhlen. Sie legen die Eier ganz hinten ins Nest und die Jungen schlüpfen ein paar Wochen später. Die Küken essen so um die achtzehn Fische am Tag. Die Eltern sind also ziemlich beschäftigt."

„Wahnsinn", sagte Lena.

„Es gibt auch Fischotter hier", erzählte Mark. „Sie sind sehr scheu und tagsüber kann man sie fast nie sehen. Mein Opa will mir eine Nachtsichtkamera besorgen. Dann wollen wir uns hier auf die Lauer legen und versuchen, sie zu entdecken."

„Ich habe mal einen Adler auf einem unserer Türme gesehen", sagte Juli.

„Bist du sicher, dass es kein Bussard war?", fragte Mark.

Juli wollte gerade antworten, als Lena
sah, wie Samson an den Satteltaschen
schnupperte. „Schnell!",
rief sie. „Unser
Picknick."

Sie rannten zu
den Ponys und sa-
hen, wie Samson gerade ein Brötchen verspeiste.

„Ich wusste nicht, dass Ponys belegte
Brötchen mögen", sagte Lena lachend
und scheuchte ihn weg.

Sie packten das Picknick aus und
brachten das Essen in den Schatten
unter den Bäumen. Es war etwas warm
geworden, schmeckte aber köstlich.

Mia biss abwechselnd in Brötchen und
Kuchen. „Wer hätte gedacht, dass Bröt-

chen mit Ei und Früchtekuchen so gut
zusammenpassen?"

Ordentlich packten sie die leeren Ein-
packpapiere zurück in die Satteltaschen.
Lena legte sich gemütlich ins Gras und

schloss die Augen. Juli und Mia flochten
eine Gänseblümchenkette. Mark und
Hannah gingen zum Flussufer, um nach
Fischen zu schauen.

Lena war beinahe eingeschlafen, als
sie von einem schrillen Wiehern aufge-
schreckt wurde. Sie setzte sich auf und

drehte sich zu den Ponys um. „Das kam vom anderen Flussufer", sagte Juli.

Mark und Hannah kamen vom Fluss zurück. „Wir haben keine anderen Ponys auf dem Hof", sagte Mark. „Da macht wohl noch jemand einen Ausritt."

Juli stand auf und streckte sich. „Wir sollten aufbrechen", sagte sie. „Es ist noch ein langer Rückweg."

Sie gingen zum Gatter zurück und fingen die Ponys ein. Lena und Hannah halfen Mark, Pinto zu satteln.

Juli sah ungeduldig auf ihre Uhr.

„Juli könnte wirklich netter zu Mark sein", wisperte Lena Hannah zu.

„Hoffentlich hat er es nicht so ge-merkt", erwiderte Hannah leise.

Als alle fertig waren, ritten sie zum

Flussufer, wo es eine seichte Stelle gab, an der sie den Fluss überqueren wollten. „Das Wasser wird den Ponys bis zu den Knien reichen", warnte Juli. „Aber sie müssen nicht schwimmen."

„Ich musste mal einen Fluss durchqueren, als ich bei einem Querfeldein-Rennen mitgemacht habe", erzählte Mia. „Es macht Spaß. Die Ponys werden vielleicht ein bisschen nervös, also reitet sie immer schön vorwärts."

Lena sah Mark an. „Halte dich an der Mähne fest, wenn du willst", sagte sie. „Pinto schafft das schon. Er wird einfach den anderen folgen."

Juli ritt als Erste ins Wasser. Sie stieß einen Freudenschrei aus, als Smarties Hufe das Wasser aufspritzen ließen.

Aska legte die Ohren an, als sie das Wasser betrat. Sie hob die Beine extrahoch, aber Mia drängte sie weiter. „Einen anderen Weg gibt es nicht, Aska!", sagte Mia lachend. „Ist doch nicht schlimm, wenn deine Hufe nass werden."

Als das Wasser bis zu seinen Knien hochstieg, schnaubte Samson kurz, aber er lief zügig weiter. „Guter Junge", lobte Lena ihn, als sie ans andere Ufer kamen. Sie griff in seine Mähne, um das Gleichgewicht zu halten, als er das Ufer hochkletterte. Sie drehte sich zu Mark um und war erleichtert, als sie sein strahlendes Gesicht sah.

Nachdem alle ans andere Ufer gelangt waren, begann Juli zu traben. Sie kamen an einer Wiese voller Schafe vorbei, die wie weiche Wollbüschel im Gras verteilt standen. „Bei dieser Herde wäre auch Dolly, wenn sie nicht Pintos Freundin wäre", erzählte Mark.

Neben der Schafweide standen Kühe auf der Weide und scheuchten mit ihren Schwänzen die Fliegen auf.

„Das sind Friesische Rinder", erzählte Mark. „Wir haben sie, weil sie besonders viel Milch geben."

„Das ist aber eine seltsame weiße Kuh", sagte Hannah und wurde mit Rapunzel langsamer.

Lena kniff die Augen zusammen. Das war gar keine Kuh. Es war ein Pony!

Das fremde Pony

Das kleine weiße Pony stellte die Ohren auf und kam an den Zaun getrottet. Es war eine Stute. Sie war etwas kleiner als Samson, hatte ein hübsches, schmales Gesicht und eine lange Mähne. Ihre dunklen Augen glänzten freudig, als sie sich über den Zaun reckte und ihre Nase an Samsons stieß.

„Warum ist sie bei den Kühen?", fragte Lena.

„Ich weiß es nicht", antwortete Mark mit gerunzelter Stirn. „Pinto ist das einzige Pony, das wir besitzen. Ich habe keine Ahnung, wie sie auf die Weide geraten ist. Sollen wir sie zum Hof mitnehmen?"

„Ja, sollten wir", sagte Lena. „Jemand wird sie suchen, und deine Großeltern wissen vielleicht, wem sie gehört."

„Ich wette, dass sie es war, die vorhin gewiehert hat", meinte Hannah.

„Ich fange sie ein", sagte Juli. „Allerdings bedeutet das dann, dass wir unsere Route ändern und direkt zum Bauernhof zurückreiten müssen." Sie stieg von Smarties Rücken und reichte Mia die Zügel.

Juli nahm Smartie das Halfter ab und kletterte über den Zaun. Lena stieg ebenfalls ab und wühlte in den Satteltaschen. Sie fand einen Apfel, der vom Picknick übrig geblieben war, und streckte ihn dem Pony über den Zaun entgegen.

Sanft pflückte das Pony den Apfel aus

Lenas Hand. „Du bist eine Schönheit", murmelte Lena und streichelte die weiche Ponynase.

Juli ging leise auf die Stute zu. Als sie nahe genug heran war, strich sie mit der Hand über den Hals des Ponys und legte ihm dann den Führstrick um. Die Stute blieb still stehen, während Juli ihr das Halfter anlegte. Sie war eindeutig an Zaumzeug gewöhnt.

„Ich glaube, sie ist ein Welsh Mountain Pony", sagte Mia.

„Ich glaube, sie ist ein Geheimnispony", erklärte Lena. „Wo kann sie nur hergekommen sein?" Wenn das Pony von

seiner eigenen Weide abgehauen war, wie war es dann auf Marks Kuhweide gekommen?

Juli führte das Pony von der Weide und schloss das Gatter. Ihre Lippen waren zu einem Strich zusammengepresst. Sie nahm Smarties Zügel und schwang sich wieder in den Sattel. Offensichtlich war sie nicht erfreut darüber, dass sie ihren Ausritt abkürzen und mit dem Pony zum Bauernhof zurückkehren mussten.

Smartie schnaubte das fremde Pony freundlich an, aber Juli wartete nicht ab, bis sich die beiden begrüßt hatten. Sie schnalzte mit der Zunge und drängte Smartie zum Loslaufen. Das kleine Pony musste traben, um mit Smarties langen Schritten mithalten zu können.

Lena bewunderte Juli, die Smartie den Weg entlangsteuerte und gleichzeitig das fremde Pony mit sich führte. Sie wünschte nur, dass Juli endlich mal etwas Nettes zu Mark sagen würde. Er ritt still hinter ihr und machte ein besorgtes Gesicht.

Sie ritten am Fluss entlang. Als Juli auf einen steinigen Weg abbiegen wollte, deutete Mark auf eine Holzbrücke. „Da entlang geht es schneller."

Juli sah über ihre Schulter. „Laut meiner Karte aber nicht."

„Mark wird es schon wissen, schließlich lebt er hier", sagte Hannah.

„Dann sollte Mark uns wohl besser den Weg zeigen", erwiderte Juli eingeschnappt.

„Kein Problem", sagte Mark. Er forderte Pinto auf weiterzugehen, aber das schwarz-weiße Pony legte die Ohren flach an und bewegte sich nicht. Juli seufzte laut und Mark drückte seine Beine fester an Pintos Bauch.

Endlich ging Pinto los und betrat die schmale Holzbrücke. Die Hufe der Ponys trommelten laut auf den Balken. Auf der anderen Seite empfing sie ein schlammiger Pfad. Er schlängelte sich am Flussufer entlang und führte plötzlich auf ein Weizenfeld. Lena konnte nicht widerste-

hen und pflückte eine blaue Kornblume, die zwischen den goldenen Ähren wuchs. Das Feld reichte bis zum Bauernhof. Als sie am Tor waren, sprang Mark ab und öffnete es für sie.

Oma Susie goss gerade die Geranien in einem Blumentopf vor der Tür des Wohnhauses. Beim Geräusch der Hufe sah sie auf. „Hallo", begrüßte sie die Reiter überrascht. „Ihr seid früher zurück, als ich erwartet hatte." Sie betrachtete das weiße Pony. „Wer ist das?"

„Wir haben sie gefunden", berichtete Mark aufgeregt. „Sie war auf der unteren Kuhweide."

„Auf der unteren Weide?", wiederholte seine Oma erstaunt. Sie stellte die Gieß-kanne ab. „Wie ist sie denn da hingekom-

men? Bring sie erst mal in Pintos Stall. Ich werde die Nachbarn anrufen und fragen, ob sie einem von ihnen gehört."

Die Mädchen stiegen von ihren Ponys und banden sie fest. Marks Opa streckte den Kopf aus dem Küchenfenster, während die Mädchen die Trensen lösten. „Hallo!", rief er. „Ihr seid aber schon früh zurück. Ist alles in Ordnung?"

„Wir haben ein Pony gefunden", erzählte Mark. Er nahm den Führstrick der Stute und ging mit ihr zum Küchenfenster. „Wenn wir ihren Besitzer nicht finden, kann ich sie dann behalten? Sie ist sehr freundlich und sie mag mich." Das Pony rieb sanft seine Nase an Marks Arm.

„Gewöhne dich nicht zu sehr an sie." Opa Jack trank einen letzten Schluck

Tee. „Ihr Besitzer sucht sie wahrscheinlich gerade."

Juli ging über den Hof zu Pintos Stall.
„Bring sie her, Mark", sagte sie. „Hier ist
es schön kühl."

In der Box stand ein Eimer
mit frischem Wasser, der
in einen alten Reifen

geklemmt war, damit er nicht umfallen
konnte. Mark führte das Pony herein und
nahm ihm Smarties Halfter ab. „Ich hole
schnell frisches Heu für sie", bot er an.

Lena strich mit den Fingern durch die
Mähne des Ponys, die sich seidig anfühlte. Der Bauch der Stute war rund und ihr
Fell sauber. Es war klar, dass jemand gut
für sie sorgte.

Plötzlich keuchte Mia auf. „Vielleicht

wurde sie gestohlen und von den Dieben im Stich gelassen!"

Hannahs blaue Augen weiteten sich. „Das könnte sein. Wir sollten die Polizei anrufen."

„Zuerst muss Marks Oma mit den Nachbarn sprechen", meinte Lena.

„Wie sie wohl heißt?", überlegte Juli und streichelte dem Pony über den Hals. „Wir sollten ihr einen Namen geben, solange wir nach ihrem Besitzer suchen. Wie wäre es mit Verlorenes Mädchen?"

„Das klingt etwas traurig", entgegnete Lena. „Vielleicht sollten wir sie Schneeweißchen nennen wegen ihrer Farbe."

„Das passt perfekt", erklärte Mia. Das Pony knabberte an ihrer Schulter und sie musste kichern. „Bist du hungrig,

Schneeweißchen? Da kommt Mark mit etwas Leckerem zu fressen."

Sie halfen Mark, das Heunetz aufzuhängen, und ließen das Pony dann in Ruhe. „Ich bringe Pinto zu Dolly auf die Koppel", sagte Mark. Die Mädchen halfen ihm, Pinto abzusatteln, und begleiteten sie zur Koppel. Dolly sah durch das Gatter. Als sie Pinto erblickte, fing sie an zu blöken und mit ihrem Stummelschwanz zu wackeln. Pinto wieherte und senkte den Kopf, um seine Freundin zu begrüßen.

„Die beiden sind so süß!" Lena sah lächelnd zu, wie Dolly ihren Kopf an Pintos Nüstern rieb.

Dann gingen sie zu ihren wartenden Ponys zurück.

„Vielen Dank, dass ich mit euch reiten durfte", sagte Mark.

„Es hat großen Spaß gemacht", sagte Hannah und Mia nickte.

„Ja, es war echt schön mit dir", fügte Lena hinzu und war ein bisschen sauer, dass Juli nichts sagte. „Gib uns Bescheid, wenn ihr Schneeweißchens Besitzer gefunden habt."

Sie winkten zum Abschied und machten sich auf den Rückweg durch das Tal.

„Tja, so viel zum Tagesausritt", sagte Juli seufzend. „Obwohl man bei Marks Tempo ja kaum von Reiten sprechen kann. Es war nicht so toll wie geplant."

„He", erwiderte Lena protestierend. „Wir haben ein Pony gefunden. Was kann es Aufregenderes geben?"

Wem gehört Schneeweißchen?

Zurück auf dem Ponyhof holten die Mädchen Schwämme und Wassereimer, um die Ponys abzukühlen. Während sie die erhitzten Ponys wuschen, erzählten sie Mrs Marle von ihrem Abenteuer.

„Ich kenne niemanden, der so ein Pony besitzt", sagte Mrs Marle. „Aber ich werde trotzdem herumtelefonieren und nachfragen, ob jemand sein Pony vermisst." Sie öffnete das Koppelgatter und hielt es auf, damit die Mädchen die Ponys hineinführen konnten. Sobald sie losgelassen wurden, galoppierten die Ponys davon, als wären sie immer noch voller Energie und Kraft. Aska und Smartie bissen sich spielerisch und stiegen auf die Hinterbeine. Sie traten mit den Hufen in die Luft, doch dann beendeten sie ihren Kampf und spielten lieber Fangen.

Samson und Rapunzel legten sich in den Staub und wälzten sich. „Da hat sich das Waschen ja gelohnt", sagte Lena seufzend.

Die Mädchen räumten ihre Sachen auf und verabschiedeten sich dann voneinander. Lenas Beine schmerzten auf der Fahrt nach Hause, und sie war froh, dass es nun bergab ging.

Lena wollte ihre Mutter nicht stören, die in ihrem Malstudio arbeitete, und ging stattdessen zu ihrer Nachbarin Mrs Kraft.

„Lena!", freute sich Mrs Kraft, als sie

die Tür öffnete. „Wie schön, dich zu sehen."

„Ich wollte ein bisschen
Gehorsamkeitstraining mit

Nacho machen", sagte Lena. Sie bückte
sich und streichelte den kleinen Dackel.
Nacho schleckte sie mit seiner rosa Zunge ab und lief in Kreisen um ihre Beine. Er
wuselte davon und kam mit einem Ball
zurück, den er vor ihren Füßen fallen ließ.

„Du bekommst ihn, wenn du Sitz
machst", sagte Lena zu ihm. Nacho ließ
sich auf den Boden plumpsen und starrte
hechelnd den Ball an. „Bleib!", sagte
Lena streng. Sie ging ein paar Schritte
rückwärts und seufzte, als Nacho bellte
und ihr hinterherjagte. Der kleine Hund
war viel zu aufgeregt, um gehorsam zu

sein, und Lena war zu müde, um es weiter zu versuchen. Sie ließ den Ball fallen und sah zu, wie Nacho ihn sich schnappte. Mit dem Ball im Maul raste er durch das Haus und in den Garten hinaus.

„Ich glaube, das ist Nachos Art, dich nach draußen zu bitten", sagte Mrs Kraft. „Hast du Zeit für einen Schluck Limonade und Kekse?"

„Ja, klingt lecker", erwiderte Lena.

Sie setzten sich an den kleinen Gartentisch und warfen abwechselnd den Ball für Nacho. Irgendwann wurde der kleine Hund müde und ließ sich vor ihnen auf den Rasen fallen. Er legte den Kopf auf Lenas Füße. Seine langen Ohren kitzelten Lena an den Zehen.

Lena erzählte Mrs Kraft von ihrem

Ausflug und dem gefundenen Pony. Sie erzählte sogar davon, dass sie es nicht nett gefunden hatte, wie Juli Mark behandelt hatte. „Ich glaube, Mark ist es nicht so aufgefallen wie mir", meinte sie. „Hannah und ich haben versucht, ihn abzulenken."

Mrs Kraft machte ein nachdenkliches Gesicht. „Du hast mir doch mal erzählt, dass Juli nicht sehr viele Freunde hatte, bevor du hierhergezogen bist? Vielleicht hat sie Angst, dass du Mark lieber haben könntest als sie?"

Lena trank einen Schluck Limonade. Es stimmte, dass Juli am Anfang des Sommers herrisch und herablassend zu allen auf dem Ponyhof gewesen war. Hatte Mrs Kraft vielleicht recht? Dachte

Juli, dass Mark sich zwischen sie beide drängen könnte?

„Aber Juli ist doch so selbstbewusst", sagte Lena. „Sie kann alle als Freund haben."

Mrs Kraft hob die Augenbrauen, doch bevor sie antworten konnte, sprang Nacho bellend auf. Mrs Kraft lachte. „Da möchte jemand wieder spielen."

Am nächsten Morgen weckte Lena ein Sonnenstrahl, der durch eine Ritze im Rollladen schien. Sie gähnte und streckte sich. „Guten Morgen, Mogli", sagte sie zu ihrem getigerten Kater, der zusammengerollt neben ihr lag. Mogli

gähnte und blinzelte sie aus seinen gold-
farbenen Augen an. Dann kuschelte er
sich tiefer in ihre Decke.

„Faultier!" Lena lachte. Sie zog sich an
und ging nach unten. Ihre Mutter saß am
Küchentisch und nippte an ihrem Kaffee.
Die Kornblume, die Lena gepflückt hatte,
stand in einer Vase auf dem Fensterbrett.

„Guten Morgen, Schlafmütze", begrüßte ihre Mutter sie. „Ich wollte dich nicht
wecken. Nach dem langen Ausritt gestern dachte ich, es wäre besser, wenn du
dich richtig ausschläfst. Soll ich dich
heute zum Ponyhof fahren? Wir können
dein Fahrrad im Kofferraum mitnehmen,
dann kannst du nach Hause fahren, wann
du willst."

„Danke, Mama", sagte Lena. „Du bist

die Beste!" Sie hatte immer noch Muskelkater von gestern. Sie aß ein Schälchen Müsli und machte sich ein paar belegte Brote zum Mitnehmen als Mittagessen. Als sie fertig war, brachte ihre Mutter sie zum Ponyhof. Lena winkte zum Abschied, wurde aber von einem Pferdeanhänger abgelenkt, der vor dem Torbogen parkte. Die Rampe war heruntergeklappt und plötzlich kam Marks Großmutter mit Schneeweißchen heraus.

Mia und Juli warteten an einer kleinen Koppel neben dem Reitplatz. Lena rannte zu ihnen. „Was ist los? Warum ist Schneeweißchen hier?"

„Von Marks Nachbarn wusste niemand etwas über das Pony", erzählte Juli. „Und Marks Großeltern haben schon alle Hän-

de voll damit zu tun, sich um den Hof zu kümmern. Deshalb haben sie gefragt, ob wir Schneeweißchen bei uns aufnehmen, bis ihr Besitzer gefunden ist."

Mrs Marle nahm Oma Susie Schneeweißchens Führstrick ab. Schneeweißchen sah sich um. Mit geblähten Nüstern nahm sie ihre neue Umgebung auf.

„Hannah wird enttäuscht sein, dass sie jetzt nicht dabei sein kann", sagte Lena.

„Sie ist beim Zahnarzt", sagte Juli. „Ich habe auch bei dir zu Hause angerufen, aber da müsst ihr schon weg gewesen sein, weil niemand abgehoben hat." Sie öffnete das Gatter, damit ihre Mutter Schneeweißchen auf die Koppel führen konnte.

Die Ponys auf der benachbarten Weide

kamen neugierig zum Zaun. Samson schnaubte und reckte den Kopf über die oberste Latte. „Sieht so aus, als hätte Schneeweißchen schon neue Freunde gefunden", sagte Mrs Marle. Sie sah auf ihre Uhr. „Jemand von der Versicherung kommt gleich vorbei, um zu sehen, wie die Reparaturen auf dem Hof vorangehen. Könnt ihr bitte auf Schneeweißchen aufpassen?"

Bevor die Mädchen antworten konnten, klingelte Mrs Marles Handy. Sie hörten aus dem Gespräch heraus, dass der Vorarbeiter krank war und nicht an dem Gespräch mit dem Mitarbeiter der Versicherung teilnehmen konnte. Mrs

Marle strich sich mit den Händen durch ihr welliges blondes Haar und sah genervt aus. Sie eilte zum Hof zurück und entschuldigte sich bei Oma Susie und Mark, die gerade den Anhänger verschlossen.

Mark und seine Oma kamen zu den Mädchen. „Deine Mutter hat ganz schön zu tun", sagte Oma Susie zu Juli. „Es tut uns so leid, was mit den Ställen passiert ist."

Sie sahen zu, wie Schneeweißchen zum Zaun hinübertrottete und ihre Nase gegen Samsons rieb. Als wäre er eifersüchtig und

fühle sich ausgeschlossen, drehte Smartie sich um und rannte am Zaun entlang, der die beiden Koppeln trennte. Alle mussten lachen, weil Schneeweißchen ihn nicht beachtete und stattdessen auf die Suche nach dem saftigsten Grasbüschel ging. „Die Fahrt hierher war anscheinend nicht sehr anstrengend für sie, sonst würde sie nicht schon fressen", sagte Oma Susie, als Schneeweißchen zu grasen begann. „Komm, Mark. Es wird Zeit."

„Kann ich vorbeikommen und Schneeweißchen besuchen?", fragte Mark.

„Ja, aber ich bin sicher, dass wir ihren Besitzer bald finden", antwortete Juli. „Wir werden einen Aushang im Futtermittelladen machen und der Polizei Be-

scheid sagen, falls sie irgendwo weiter weg gestohlen worden ist."

„Wir sollten auch die Zeitung informieren", schlug Mia vor.

„Das ist eine gute Idee", meinte Lena. „Wenn wir das alles machen, finden wir ihren Besitzer bestimmt." Ihr tat der Besitzer der Stute leid, er musste vor Sorge verrückt werden.

Oma Susie und Mark winkten zum Abschied und fuhren mit dem Anhänger davon. Da kam ein anderes Auto.

Die Türen öffneten sich und heraus sprangen Lotte und Paulina. „Ach, du meine Güte! Ist das Schneeweißchen?", rief Lotte beim Herüberlaufen. „Hannah hat uns gestern Abend angerufen und erzählt, was passiert ist."

„Aber sie sagte, dass Schneeweißchen bei Mark auf dem Bauernhof bleibt", fügte Paulina hinzu und sah verwirrt aus.

„Da war sie auch, aber seine Großeltern haben uns gebeten, auf sie aufzupassen, bis ihr Besitzer gefunden ist", erklärte Juli.

„Sie ist so hübsch", sagte Lotte seufzend. „Zu schade, dass wir den ganzen Spaß gestern verpasst haben."

 Schneeweißchen trat näher an den Zaun und ließ ihren Schweif hin und her pendeln. Samson und Smartie lehnten sich sofort herüber und schnaubten, um ihre Aufmerksamkeit zu erhaschen.

„Das ist ja fast so, als ob ein Neuer in die Klasse kommt", stellte Lotte grinsend

fest. „Alle sind neugierig und wollen Freundschaft schließen."

Aska kam mit angelegten Ohren herbeigetrottet. Sie biss Samson in den Nacken und schubste Smartie mit ihrem Hinterteil. „Oh, da ist jemand eifersüchtig auf das neue Mädchen", sagte Mia.

Juli kletterte über den Zaun und ging über die Wiese. Sie scheuchte Aska weg. „Ärgere unseren Gast nicht", schimpfte sie. „Wo sind deine Manieren?"

Lena lächelte. Mrs Kraft hatte unrecht, wenn sie dachte, dass Juli Angst hätte, Lena könnte Mark lieber haben als sie. Juli hatte vor gar nichts Angst!

Reiterspiele

„Guten Morgen, Schneeweißchen!", rief Lena über den Koppelzaun, als sie drei Tage später zur Reitschule kam. Die hübsche weiße Stute schien sich in ihrem neuen Zuhause gut eingewöhnt zu haben. Samson und Smartie waren nie weit weg vom Zaun, der ihre Weiden trennte.

Schneeweißchen drehte sich nicht zu Lena um. Sie war zu sehr damit beschäftigt, über den Zaun hinweg an Samsons Hals zu knab-

bern. Und er rieb seine Nüstern an ihrem Widerrist.

Lena war froh, dass Schneeweißchen Freunde gefunden hatte, und machte sich auf die Suche nach ihren eigenen. Sie fand sie auf dem Reitplatz. Umringt von Stangen, Fähnchen und Verkehrshütchen. „Was ist denn hier los?", wollte Lena wissen.

Julis ältere Schwester Isabel schritt eine Linie entlang der langen Seite ab. Immer wieder blieb sie stehen und stellte Hütchen ab. „Ich dachte, wir könnten einen Geschicklichkeitswettkampf machen", erklärte sie. „Ich habe das ganze Zeug in der Scheune gefunden. Wir haben es ewig nicht benutzt."

Juli folgte Isabel und steckte in jedes

Hütchen eine leichte, schmale Stange. „Du hast wohl noch nie bei Geschicklichkeitsspielen mitgemacht, oder?"

Lena schüttelte den Kopf. „Aber Samson wird schon wissen, was zu tun ist."

Juli grinste. „Ja, aber du musst ihm die richtigen Hilfen geben."

Isabel gab Juli einen freundlichen Knuff. „Keine Sorge, Lena. Wir sagen dir, was du tun musst."

Lena war erleichtert und aufgeregt zugleich. Das würde ein riesiger Spaß werden!

Lena fasste die Zügel fester. „Komm, Samson", ermunterte sie ihn. „Geh weiter." Ihre Freundinnen hatten ihre Ponys bereits zum Reitplatz gebracht.

Samson drängte zu der Seite, wo
Schneeweißchen am Zaun stand. Die
Stute hob den Kopf und wieherte leise.
„Ihr seht euch doch später wieder", sagte
Lena. Endlich konnte sie Samson über-
zeugen, Schneeweißchen allein zu las-
sen. Sie führte Samson zum Reitplatz,
wo ihre Freunde sich schon aufwärmten.

Lotte trabte auf Goldstück vorbei. Sie
trug nagelneue Reithosen. Sie waren

leuchtend pink mit Glitzerstreifen an der Seite. „Hallo, lahme Ente!", rief sie Lena zu. „Schön, dass du uns doch noch Gesellschaft leisten willst."

„Samson wollte seine neue Freundin nicht allein lassen", entgegnete Lena. Sie zog den Sattelgurt noch einmal nach und schwang sich in den Sattel.

Paulina ritt auf Lancelot vorbei und Juli folgte auf Smartie. Lena schwenkte hinter ihnen ein und ließ Samson antraben.

Isabel war zu Fuß, damit sie den Wettkampf organisieren konnte. „Also", sagte sie, nachdem alle aufgewärmt waren. „Das erste Spiel nennt sich Schlange. Ihr müsst euch mit den Ponys um die Stangen herumwinden und am Ende einmal im Kreis um die Fässer reiten. Auf den Fässern liegen Plastiktiere. Die müsst ihr euch schnappen und dann im Galopp zur Startlinie zurückreiten. Wenn ihr eine Stange verpasst oder das Tier verliert, müsst ihr wieder von vorne anfangen."

Lena war nervös. Sie war sich sicher, dass sie eine Stange verpassen und das Plastiktierchen fallen lassen würde. Die Mädchen stellten die Ponys in einer Reihe auf. Isabel teilte sie in Mannschaften ein. Lena, Mia und Lotte spielten gegen Juli, Paulina und Hannah.

„Auf die Linie", rief Isabel. „Auf die Plätze, fertig, los!"

Juli und Lena trieben ihre Ponys an und schlängelten sich mit ihnen durch

den Stangenslalom. Lena konzentrierte sich, damit Samson keine Stange ausließ. Sie ließ ihn die ganze Zeit traben, obwohl Juli und Smartie galoppierten. Juli ritt so scharf an den Stangen vorbei, dass sie einige beinahe umwarf.

„Du hast die letzte Stange verpasst, Juli!", rief Isabel. „Du musst umdrehen und noch mal von vorne anfangen."

„Das ist unfair!", rief Juli. Sie wendete Smartie und galoppierte zurück an die Startlinie. Lena umrundete die letzte Stange

und streckte sich nach dem kleinen Plastikschaf auf dem Fass. Sie hielt es fest in der Hand, lockerte die Zügel und gab Samson die Galopphilfen. Er schoss los und raste zurück zu Mia und Lotte, die schon warteten. Sobald Lena bei ihnen war, ritt Mia mit Aska los.

Julis Mannschaft verlor, und sie tat so, als wäre sie darüber schrecklich aufgebracht. Juli verlangte nach einem zweiten Spiel, um die Familienehre wiederherzustellen. „Ich werde in den Kerker geworfen, wenn wir nicht gewinnen", scherzte sie. „Die Marles verlieren nie."

„Stimmt!" Isabel lachte. Sie verteilte Säcke an die Mädchen. „Das nächste Spiel ist Sackhüpfen. Ihr kennt das ja und habt es ohne Ponys schon gemacht. Ihr

müsst mit den Säcken von der Startlinie bis zum letzten Hütchen hüpfen und euer Pony dabei mitführen. Dann klettert ihr aus dem Sack, steigt auf und galoppiert zu eurer Mannschaft zurück. Gewonnen hat das Team, das zuerst alle Reiter im Ziel hat." Sie hob die Hand hoch. „Los!"

Mia und Paulina hüpften als Erste und lieferten sich ein Kopf-an-Kopf-Rennen. Sie kamen gleichzeitig ins Ziel. Dann waren Hannah und Lotte dran. Lotte stolperte ständig über ihre Füße. „Das ist ungerecht", schimpfte sie, als sie zum dritten Mal hinfiel. „Meine Füße sind zu groß für diesen Sack!" Als sie den Verkehrskegel erreichte und auf Goldstück steigen wollte, drehte sich der Palomino immer

wieder im Kreis. „He!", keuchte Lotte. „Lass mich aufsteigen." Als Lotte sich endlich in den Sattel schwang, war Paulina schon im Ziel. Lena hüpfte ungeduldig von einem Bein aufs andere, während sie auf Lotte wartete.

„Los!", rief Lotte, als sie endlich an ihr vorbeisauste.

Lena zog den Sack hoch und hielt Samsons Zügel mit einer Hand fest. Ein Stück weiter vor ihr hatte Juli Mühe mit Smartie, der nicht neben ihr laufen wollte.

Er tänzelte mit hoch erhobenem Schweif vor ihren Füßen herum.

Samson lief mit gleichmäßigen Schritten neben Lena her und sie machte große Sprünge. Sie kamen gleichzeitig mit Juli und Smartie beim letzten Kegel an. Doch während Samson still stand und Lena sich in den Sattel schwang, trippelte Smartie rückwärts. Juli hopste neben ihm her.

Mit einem Freudenschrei überquerte Lena die Ziellinie einige Sekunden vor Juli.

„Noch ein Spiel", forderte Juli. „Drei entscheiden."

„Wir haben schon zwei gewonnen", sagte Lena atemlos. „Ab in den Kerker mit dir."

„Dann eben fünf", erwiderte Juli. „Isabel, was kommt als Nächstes?"

Isabel war abgelenkt. Sie sah zu einigen Leuten am Zaun. Mark war mit seinem Opa gekommen, und Mrs Marle hatte sie zum Reitplatz begleitet, damit sie beim Wettkampf der Mädchen zuschauen konnten.

„Hallo, Mark!", rief Lena. „Schön, dich zu sehen."

„Das findest auch nur du", sagte Juli gepresst.

Mark kletterte über den Zaun und kam zu ihnen. Er klopfte Samson den Hals. „Scheint echt Spaß zu machen. Das würde ich mit Pinto auch gern mal ausprobieren."

„Du musst erst noch ein besserer Reiter werden", sagte Juli zu ihm.

Lena holte scharf Luft. Warum war Juli so grob? „Es ist gar nicht so schwer", murmelte Lena Mark zu. „Pinto und du könnt zu Hause üben. Wenn du dann bereit bist, kommst du her und machst bei uns mit." Lena versuchte, Julis wütenden Blick nicht zu beachten, und lächelte Mark an.

Mrs Marle und Opa Jack kamen auf den Platz. „Die Polizei weiß von keinem gestohlenen weißen Pony", berichtete Mrs Marle. „Und auf die Meldung in der Zeitung gestern hat sich auch niemand gemeldet."

„Es ist wirklich ein Rätsel", meinte Opa Jack.

„Schneeweißchen darf doch hierbleiben, oder?", fragte Lena.

„Natürlich", antwortete Mrs Marle. „Ich werde sie nicht heimatlos machen."

Plötzlich war das Quietschen von Fahrradbremsen zu hören und alle drehten sich um. Ein Mädchen mit langen schwarzen Haaren rannte über den Platz. „Ich komme wegen des Ponys", keuchte sie. „Ist es noch da?"

„Gehört es dir?", fragte Juli.

„Ja", antwortete das Mädchen und brach in Tränen aus. „Sternchen gehört mir."

Sternchens Geschichte

„Willst du zu ihr?", fragte Mrs Marle
freundlich. „Du hast dir bestimmt
schreckliche Sorgen um sie gemacht."

Da musste das Mädchen noch heftiger
weinen.

Mrs Marle sah sie verwundert an.
„Komm mit", sagte sie.

Die Mädchen stiegen ab, klappten die
Steigbügel hoch und führten ihre Ponys
vom Reitplatz.

„Sternchen ist ein schöner Name",
sagte Lena. „Wir haben sie Schneeweißchen genannt, aber Sternchen passt
auch sehr gut zu ihr."

Das Mädchen sah sie aus ihren man-

delförmigen Augen an. „Danke", flüsterte sie.

„Ist sie gestohlen worden?", fragte Juli. „Wie hast du sie verloren?"

„Nicht jetzt, Julia", ermahnte Mrs Marle sie. „Das Wichtigste ist doch, dass …" Sie unterbrach sich und sah Sternchens Besitzerin an. „Tut mir leid, ich weiß deinen Namen gar nicht."

„Nita", schniefte das Mädchen. „Nita Sawani. Ich wohne in Haven Valley." Das war das Nachbardorf von Willow Springs.

„Das Wichtigste ist", wiederholte Mrs Marle, „dass Nita Sternchen wiedergefunden hat. Hast du die Meldung in der Zeitung gelesen?"

Nita nickte. „Da stand Ihre Adresse, also bin ich sofort hergekommen."

Sie erreichten die Koppeln. Als Nita Sternchen sah, verzerrte sich ihr Gesicht. „Das ist sie", wisperte sie.

„Ist es nicht gut, dass du sie wiedergefunden hast?", fragte Mark.

Nita schüttelte den Kopf. „Ich kann sie nicht mitnehmen", schluchzte sie und Tränen rannen über ihre Wangen. „Ich kann sie nicht behalten."

Eine erschrockene Pause trat ein, dann schaltete sich Mrs Marle ein. „Isabel, hole Nita bitte ein Glas Wasser zu trinken. Mädchen, sattelt die Ponys ab und bringt sie auf die Weide. Ich denke, Nita braucht einen Moment Ruhe, bevor sie uns alles erzählen kann."

Beim Absatteln warfen sich die Mädchen fragende Blicke zu. Als die Ponys sauber waren, brachten sie sie zur Koppel. Samson galoppierte sofort zum Zaun, um nach Sternchen zu schauen. Die Stute schnaubte und streckte ihm die Nase entgegen, um Hallo zu sagen. „Samson wird sie ganz schön vermissen", sagte Lena.

„Hal-lo", sagte Juli. „Hast du nicht gehört? Nita kann sie nicht behalten."

Paulina runzelte die Stirn. „Das kann sie nicht ernst gemeint haben."

„Lasst es uns herausfinden", schlug Lotte vor.

Sie gingen zu Nita, die am Gatter stand, an ihrem Wasserglas nippte und Sternchen zuschaute.

Lena tat sie sehr leid. So wie Nita Sternchen ansah, war klar, dass sie das Pony liebte. „Ich wollte immer ein Pony haben", sagte Nita leise. „Mehr als alles auf der Welt. Aber meine Eltern konnten es sich nicht leisten, mir eins zu kaufen. Dann hat ein Mädchen in der Schule mir erzählt, dass ihr Pony für sie zu klein geworden ist und sie es weggeben möchte. Ich habe natürlich sofort gesagt, dass ich das Pony nehmen werde."

„Du hast zugesagt, ohne deine Eltern gefragt zu haben?", unterbrach Isabel sie.

Nita nickte. „Ich weiß, das war dumm", seufzte sie. „Ich habe nicht daran gedacht, wie viel es kostet, ein Pony zu pflegen. Ich habe Sternchen mit nach

Hause genommen, und meine Eltern
haben sofort gesagt, dass ich sie zurück-
bringen muss." Sie holte tief Luft. „Aber
Sternchens Besitzerin wurde wütend.
Sie wollte das Pony nicht zurücknehmen,
weil sie schon ein neues hatte. Ich wusste nicht, was ich tun sollte, also bin ich
mit Sternchen raus zu den Feldern ge-

gangen und habe eine schöne Weide für sie ausgesucht. Ich wollte sie jeden Tag besuchen und nachsehen, ob es ihr gut geht. Ich habe solche Angst bekommen, als sie verschwunden ist." Sie schluckte. „Ich konnte nicht mit meinen Eltern sprechen, weil sie sonst erfahren hätten, dass ich Sternchen nicht zurückgebracht habe und sie angelogen habe."

Tränen stiegen Lena in die Augen. Arme, arme Nita.

Mrs Marle legte den Arm um Nitas Schultern. „Das Wichtigste ist, dass Sternchen in Sicherheit ist", erklärte sie. „Jetzt müssen wir aber mit dem Mädchen sprechen, das dir Sternchen überlassen hat."

Nita schüttelte den Kopf. „Das bringt

nichts. Sie will Sternchen nicht zurückhaben."

„Nun, dann muss sie eben ein anderes Zuhause für das Pony finden", sagte Mrs Marle bestimmt. „Keine Sorge, das wird sich alles klären. Und in der Zwischenzeit kann Schneeweißchen, ich meine Sternchen, hierbleiben." Sie lächelte. „Komm mit ins Haus. Wir rufen deine Eltern an und erzählen ihnen, was los ist. Keine Bange, das wird schon."

„Mark und ich müssen los", sagte Opa Jack. „Ich bin sehr froh, dass das Ponygeheimnis gelöst ist."

Die Mädchen winkten ihnen zum Abschied nach. Lena hatte den Eindruck, dass Mark etwas bedrückt aussah, als er ins Auto stieg. Sie wünschte, Juli hätte

ihn wegen seiner fehlenden Reiterfahrung nicht so angefahren.

„Zum Glück habt ihr Sternchen gefunden", sagte Paulina zu Lena. „Sie muss sich auf der Kuhweide komisch gefühlt haben."

Lena betrachtete die Stute, die neben Samson auf der anderen Seite des Zauns friedlich graste. Was für aufregende Tage sie erlebt hatte.

„Schade, dass Ponys nicht schreiben können", scherzte Lotte. „Dann könnten Samson und Sternchen Brieffreunde sein. Sie werden sich ganz schön vermissen."

Auf dem Heimweg dachte Lena über das nach, was Lotte gesagt hatte. Wie würde sich Samson fühlen, wenn Stern-

chen nicht mehr da war? Und wie würde es Sternchen gehen, wenn sie von dort, wo sie sich wohl und sicher fühlte, fortgebracht werden würde?

Eine Weile später erzählte sie ihrer Mutter und Mrs Kraft, die auf einen Kaffee vorbeigekommen war, von ihren Sorgen. „Ich hoffe, ihr nächster Besitzer gibt ihr für immer ein Zuhause", sagte Lena.

„Ich bin mir sicher, dass es Sternchen gut gehen wird, egal, wo ihr neues Zuhause auch sein mag", tröstete ihre Mutter sie.

Mrs Kraft nickte. Sie wischte einen Kekskrümel von ihrem gestreiften Pullover. „Wie hat sich denn Juli verhalten, als Mark heute da war?", fragte sie.

Lena seufzte. „Sie war sehr unfreund-

lich", sagte sie. „Ich weiß nicht, was ich tun soll."

„Du musst Juli irgendwie zeigen, dass sie sich deiner Freundschaft sicher sein kann. So wie du das auch bei nervösen Ponys machst", sagte Mrs Kraft weise. „Ich bin mir sicher, dass dir eine Lösung einfällt."

Die große Überraschung

Früh am nächsten Morgen brach Lena auf. Sie wollte Sternchen unbedingt noch einmal sehen, bevor sie weggebracht werden würde.

Während sie den Hügel zum Ponyhof hochradelte, dachte sie an Nita. Sie tat Lena furchtbar leid. Sie wusste, wie es sich anfühlte, verrückt nach Ponys zu sein, ohne ein Pony zu haben. Als sie noch in der Stadt gewohnt hatte, waren ihr Ponys auch nur so nah gekommen wie die Poster an ihrer Zimmerwand.

Bei ihrer Ankunft am Schloss standen Aska, Samson, Smartie und Rapunzel dicht zusammengedrängt am Zaun. Von

Sternchen war nichts zu sehen. Wo konnte sie sein? Lena stellte ihr Fahrrad ab und eilte zu der kleinen Koppel. Stern-chen lag in der Nähe des Zauns auf dem Boden. Die anderen Ponys beobachteten sie besorgt.

„Oh nein!", keuchte Lena. „Bitte, lass sie nicht krank sein." Ihr Herz klopfte aufgeregt. Sie kletterte über den Zaun und lief über die Wiese. Sie war schrecklich erleichtert, als Sternchen plötzlich allein auf die Beine kam. Lena lief langsamer. „Du hast mir einen Riesenschreck eingejagt", sagte sie schnaufend. Dann blieb sie wie angewurzelt stehen und starrte auf den Boden.

Sternchen war
nicht allein.

Ein kleines Fohlen kam wacklig auf die
Beine und drückte sich gegen den Bauch
der weißen Stute, um das Gleichgewicht
nicht zu verlieren. Die vier dünnen Bein-
chen sahen aus, als ob sie gleich unter
ihm einknicken würden. „Ein Fohlen",
wisperte Lena entzückt.

Das Fell des Fohlens war dunkelgrau
wie eine Gewitterwolke. Es wedelte mit
dem struppigen, kurzen Schweif und sah
Lena aus großen braunen Augen an.

„Du bist wunderschön", murmelte
Lena. Sternchen begann das Fell des
Kleinen abzulecken. Lena drehte sich
um und rannte zum Herrenhaus, um Mrs
Marle zu holen. Sie fand Julis Mutter in

der Küche, wo sie Butterbrote schmierte. „Sie müssen schnell kommen", keuchte Lena. „Sternchen. Sie hat ein Fohlen bekommen!"

Mrs Marle ließ das Messer fallen. „Sie hat was?"

„Auf der Weide", sprudelte Lena heraus. „Sie müssen es sich ansehen!"

Sie konnte selbst kaum glauben, was sie gesehen hatte, und wollte dringend zurück zur Koppel, um sich zu überzeugen, dass sie nicht geträumt hatte.

„Julia! Isabel!", rief Mrs Marle. „Kommt schnell!"

Zusammen rannten sie zur Koppel. „Wahnsinn!" rief Juli, als sie Sternchen sah, die schützend vor ihrem Fohlen stand. „Seht doch nur!"

„Es ist ein Hengstfohlen",
sagte Mrs Marle atemlos.
„Ein kleiner Junge. Stern-
chen war nicht mollig, sondern trächtig!"

„Er ist so süß", seufzte Isabel. „Sollen
wir zu ihnen gehen und sie untersu-
chen?"

„Ich denke, wir sollten ihnen noch
etwas Zeit zu zweit gönnen", meinte Mrs
Marle. „Sternchen wird vielleicht nervös,
wenn wir zu nah herankommen."

Sternchen leckte ihr Fohlen fertig sauber. Der Kleine machte ein paar zittrige
Schritte weg von seiner Mutter. „Warum
kann er schon laufen?", wollte Lena wissen.

„Pferde bringen ihre Fohlen normaler-
weise nachts zur Welt, um sie vor Fein-

den zu schützen", erklärte Mrs Marle. „Wahrscheinlich ist das Fohlen vor der Dämmerung geboren worden. Eine Stunde nach der Geburt sollte das Fohlen stehen können und nach zwei Stunden laufen. Dann dauert es auch nicht mehr lange und es kann galoppieren und mit seiner Mutter Schritt halten. Und wenn dann die Sonne aufgeht, kann es vor allem flüchten, das ihm gefährlich werden könnte."

„Schaut!", sagte Isabel. Sternchen und ihr Fohlen gingen am Zaun entlang und alle Ponys auf der anderen Seite begleiteten sie.

„Sie passen auf das Baby auf", sagte Mrs Marle. „Sie haben Sternchen als Mitglied in ihre Herde aufgenommen." Sie

sah auf die Uhr. „Nita und ihre Eltern sollten inzwischen wach sein. Ich rufe sie an und berichte ihnen die Neuigkeiten."

„Ich komme mit und hole den Fotoapparat", sagte Isabel. Sie eilten zum Haus zurück.

Sternchen blieb stehen und fing an zu grasen. Das Fohlen stupste mit der Nase gegen ihren Bauch und suchte, bis es die richtige Stelle fand. „Oh, sieh doch, es trinkt", sagte Lena. Sie bemerkte Samson und Smartie, die wie stolze Väter über den Zaun sahen.

Lena holte tief Luft. „Weißt du, Juli", sagte sie. „Es ist schön, dass Samson und Smartie eine neue Freundin gefunden haben. Und dass sie selbst trotzdem immer noch gut miteinander befreundet

sind. Es gibt immer noch Platz für einen Freund mehr."

Juli sah sie von der Seite an und zog die Augenbraue hoch.

„Wir können auch mit Mark befreundet sein, verstehst du?", fuhr Lena fort. „Er kann vielleicht nicht so gut reiten wie du, aber er ist wirklich nett. Ich denke, er

würde gern ab und zu mit uns zusammen
sein. Aber das heißt ja nicht, dass
wir nicht mehr beste Freundinnen
sind."

Sie war überrascht, als sich
Julis Augen plötzlich mit Tränen
füllten. Juli blinzelte mehr-
mals und wischte sich mit
dem Arm über das Gesicht.

„Ich war wirklich gemein,
oder?", sagte sie mit gepresster Stimme.
„Ich hatte Angst, dass du Mark lieber
haben könntest als mich. Du scheinst ihn
so gern zu mögen und er weiß so viel
über wild lebende Tiere und die Umwelt
und so. Immer wenn er dabei ist,
scheinst du dich lieber mit ihm zu be-
schäftigen als mit mir."

Lena war erleichtert. Mrs Kraft hatte recht gehabt. Juli hatte gefürchtet, nicht mehr ihre engste Freundin zu sein. „Ich werde dich niemals weniger mögen, auch wenn zehn Marks auftauchen würden", sagte sie und umarmte Juli. „Glaube mir."

Juli drückte sie. „Das tue ich. Wir könnten Mark einladen, am Samstag mit uns ein paar Geschicklichkeitsspiele zu machen. Vielleicht kann ich es wieder- gutmachen, dass ich gestern so un- freundlich zu ihm war. Wenn er Pinto nicht mitbringen kann, wird Mama ihn

bestimmt auf ei- nem von unseren Ponys reiten lassen."

Lena hob die

Hand, damit Juli sie abklatschen konnte. „Das ist eine sehr gute Idee."

Hinter ihnen fuhr ein Auto vor und Türen schlugen zu. Mia und Hannah kamen zu ihnen. „Oh mein Gott!", rief Mia. „Ist das ein Fohlen?"

Juli grinste. „Sternchen hat das größte Geheimnis die ganze Zeit für sich behalten."

Das Fohlen hatte fertig getrunken und legte sich mit zusammengefalteten Beinen ins Gras. Seine Augen mit den langen Wimpern blinzelten noch ein biss- chen, dann klappten sie zu und es schlief ein. Sternchen rieb ihre Nüstern an ihm und überzeugte sich, dass es ihm gut ging.

Mrs Marle und Isabel kamen aus dem Haus zurück. Isabel stellte die Fotokamera scharf und machte Bilder von Sternchen und dem Fohlen.

„Ich habe mit Nitas Eltern gesprochen", erzählte Mrs Marle den Mädchen. „Sie haben gestern mit Sternchens Besitzerin geredet. Sie ist unerbittlich und behauptet, keinen Platz für Sternchen und das neue Pferd zu haben. Sie will sie einfach nicht zurücknehmen. Ich nehme an, dass sie wusste, dass Sternchen trächtig war. Deshalb wollte sie Sternchen wahrscheinlich so schnell loswerden."

Lena und Juli warfen sich einen besorgten Blick zu. Was würde nun aus Sternchen und ihrem Fohlen werden?

122

„Also", sagte Mrs Marle lächelnd, „habe ich beschlossen, Sternchen als Schulpony bei uns aufzunehmen. Sie und das Fohlen dürfen hierbleiben. Und wenn das Fohlen alt genug ist, kann Sternchen bei den Reitschulponys mitmachen. Nita hat sich schon für die erste Stunde auf Sternchen angemeldet."

Die Mädchen jubelten und Juli warf die Arme um ihre Mutter und drückte sie fest. „Das passt doch alles perfekt", sagte Mrs Marle. „Dieses Fohlen ist wie ein wunderbarer Neuanfang nach dem Sturm."

„Brauchen wir nicht auch einen Namen für unseren Neuanfang?", fragte Hannah und nickte Richtung Fohlen.

„Ich habe mir schon einen überlegt", erwiderte Juli. „Eine größere Überra-

schung hätte er nicht sein können, also warum nennen wir ihn nicht Surprise!"

„Surprise", wiederholte Lena. „Gefällt mir."

„Mir auch", stimmte Mrs Marle zu. „Aber ich hoffe, das war fürs Erste die letzte Überraschung. Mehr kann ich in nächster Zeit nicht vertragen."

Lena betrachtete das Fohlen und lächelte. Ponyüberraschungen waren die besten Überraschungen!

Ponyhof Apfelblüte

Band 1
978-3-7855-7882-7

Band 2
978-3-7855-7883-4

Band 3
978-3-7855-7936-7

Band 4
978-3-7855-7937-4

Band 5
978-3-7855-8067-7

Band 6
978-3-7855-8236-7

Band 8 erscheint im August 2016!